Illisibilité partielle

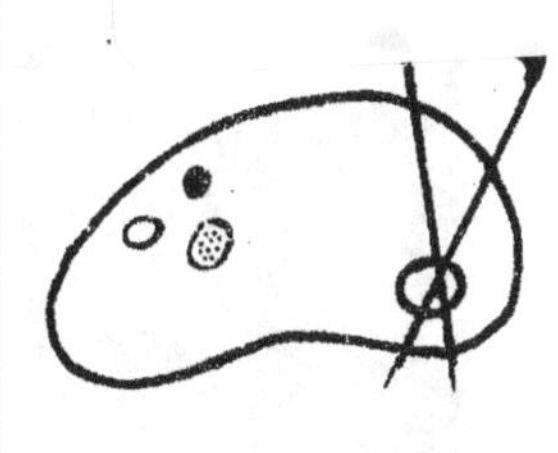

Couvertures supérieure et inférieure
en couleur

VALABLE POUR TOUT OU PARTIE DU
DOCUMENT REPRODUIT

Sommaire:

SCIENCES GÉOGRAPHIQUES

GÉOGRAPHIE GÉNÉRALE ET CARTOGRAPHIE.

Atlas de Finlande, publié par la *Société de géographie de Finlande,* volume in-folio, Helsingfors, 1899.

Il est des œuvres qui ne vieillissent point, qui prennent au contraire une valeur croissante avec les années, parce qu'elles sont le produit d'un travail créateur, faisant surgir des générations nouvelles d'ouvriers. Tel est l'atlas de leur pays qu'ont récemment publié les savants finlandais, après un labeur de dix années.

Les quarante cartes, le précieux volume qu'on leur doit, resteront pour les générations à venir des éléments de comparaison incessamment et fructueusement consultés. C'est avec une sorte de vénération religieuse qu'il faudra revoir ces documents, fruit d'un labeur si dévoué.

Evidemment nous ne saurions ici tenter de résumer toutes les cartes de l'Atlas. Il nous suffira de mentionner celles qui nous ont le plus frappé et d'en exposer les données qui nous paraissent les plus intéressantes. L'échelle du 2 millionnième est assez grande pour qu'un pays comme la Finlande, dont la forme générale est très simple, soit assez amplement figuré dans toutes ses conditions et phénomènes.

En premier lieu, la carte hygrométrique, d'un effet très heureux, s'accorde admirablement avec la carte géologique pour nous montrer l'ancien acheminement des glaces dans la direction du nord-ouest au sud-est. Les traits marqués sur le versant suédois par les vallées des lacs et des rivières se continuent exactement sur le versant opposé de la Finlande, puis franchissent le seuil de partage, d'une élévation moyenne d'environ 150 mètres, pour se continuer vers le golfe de Finlande et le Ladoga. Les lacs si nombreux et si pittoresques de ces vallées indiquent l'ancienne route des glaces et les barrages intermédiaires sont tous formés par des moraines transversales. Les argiles glaciaires occupent les fonds de presque toutes les vallées dans le voisinage du littoral et des åsar, longues traînées de sables et de cailloux déposées par les anciens torrents glaciaires, se développent vers le sud-est, conformément à la marche des anciens fleuves de glace. Quant aux moraines frontales, déversées dans le voisinage de la mer à peu de distance du rivage actuel, elles forment un rempart disposé en un double hémicycle d'une étonnante régularité. Cette muraille de pierres rejetées par le glacier commence à l'angle même de la Finlande, au promontoire de Hangö, puis court vers le nord-est en suivant les contours de l'ancien champ de glace. Près de la ville de Lahti, au centre de la Finlande méridionale, la moraine se met à décrire un immense demi-cercle qui se prolonge jusqu'au nord du lac de Ladoga, vers les frontières de la Karélie. A une trentaine de kilomètres plus au nord, un autre rempart de moraines, non moins régulier, décrit un demi-cercle parallèle pour se terminer à l'est par une sorte de hameçon qui dut rester pendant de longs siècles la limite extérieure de l'épanchement des glaces. Ces traces glaciaires racontent clairement l'histoire géologique de la contrée pendant la période quaternaire. Des alluvions marines témoignent que vers la fin de cet épanchement des glaces, le sol de la Finlande était beaucoup plus bas qu'aujourd'hui : au devant de la glace le sol était noyé. Le golfe de Finlande, beaucoup plus large, continuait à l'orient le bras de mer « suédois » ouvert entre la Norvège et la Scanie, et embrassait les lacs de Ladoga et d'Onéga, et par une étroite ouverture allait rejoindre la mer Blanche (I. I. Sederholm). Actuellement les oscillations du sol de la Finlande sont aussi régulières que celles de la Suède sur le rivage opposé du golfe de Botnie : environ d'un mètre par siècle, près de Tornéa, l'exhaussement du littoral n'est plus que d'un demi-mètre vers Abo, pour se réduire à rien au fond du golfe, près de Kronstadt.

Les cartes météorologiques de l'Atlas, fort nombreuses, ont été dressées avec un soin scrupuleux, non seulement on a représenté comme d'habitude les lignes isothermiques et les lignes isobares pour l'année, les saisons, les mois, on a figuré également la direction des vents et la fréquence des calmes en dix points de la contrée choisis comme les plus caractéristiques au point de vue de la distribution des climats, enfin on a calculé, ce qui est très important, comment se distribuent les jours de l'année dont la température, suivant les divers points, a été supérieure à zéro, cinq, dix, quinze et vingt degrés, et quel est, de saison en saison, l'écart des températures extrêmes du plus haut au plus bas. Les couches de neige, s'élevant en maints endroits à plus d'un mètre, ont été mesurées, de même les tranches de pluie et l'apparition des gelées, ce phénomène contre lequel les agriculteurs ont tant d'intérêt à se défendre pendant la saison d'été, alors que les plantes pointent au-dessus de la

terre, bourgeonnent ou fleurissent. A tous égards, la Finlande est
désormais un des pays les mieux connus de l'Europe.

Les limites des plantes arborescentes dépendant à la fois de l'élévation, de l'exposition du sol et de l'influence maritime, sont également tracées avec soin, se succédant assez régulièrement du sud au
nord, jusqu'auprès des montagnes du nord où se montrent encore
des pins sylvestres. Presque toute la moitié septentrionale de la
Finlande, au nord d'Uleåbourg jusqu'au delà du grand lac Inari
en pleine Laponie, est couverte de forêts domaniales.

Les tableaux statistiques de la population sont détaillés sur
l'*Atlas de Finlande* pour la période de 140 années qui s'est écoulée
de 1750 à 1890. Il est curieux de voir combien la population s'est
accrue avec régularité pendant cette longue durée de temps, de
420.000 à 2.380.000 personnes : on ne constate de reculs que pendant
les guerres du commencement du siècle, et en 1867 et 1868, années
de famine. Entre tous les pays connus, la Finlande se distingue par
le grand nombre de femmes ; en 1750, on en comptait 11 pour 10 hommes ; mais cet écart considérable a graduellement diminué de moitié,
même des deux tiers : 1032 femmes pour 1000 hommes. Le chiffre
moyen des naissances et celui des décès ont aussi baissé de décade
en décade comme dans le reste de l'Europe. De même, par un phénomène correspondant à celui de tous les autres pays civilisés la population urbaine s'est accrue aux dépens de celle des campagnes : elle
était d'environ 5 pour cent en 1800 ; elle atteint maintenant le double.

Quant à la distribution des habitants d'après la langue parlée,
on constate avec stupeur que l'idiome russe, brutalement imposé à
la Finlande comme idiome légal, n'est parlé nulle part ; c'est en
réalité un parler pratiquement inconnu, autant que le français par
exemple. La diagramme qui représente cet état de choses en dit
plus long que tous les discours et toutes les protestations. Le gouvernement du Tsar impose le russe comme langue obligatoire au point
de vue *politique et administratif à un peuple dont 86 personnes sur
100 parlent le finlandais et près de 14 pour 100 le suédois. Sur dix
mille individus, il n'en est que 37 qui parlent d'autres langues, et
dans ce minime résidu, le russe n'a qu'une faible part, nombre
d'habitants se servent de l'allemand ou du lapon ! Dans les districts
purement ruraux, la proportion des langues non-nationales, c'est-à-
dire du finlandais et du suédois, est de 14 seulement sur dix mille :
c'est de 1 à 2 dixièmes d'un pour 100. Que signifient donc les inso-
lents oukases du gouvernement russe ? On ne décrète ni la langue
ni la pensée.

Les Finlandais sont un de ces peuples heureux, — et malheureuse-
ment si rares, chez lesquels la *consommation* de l'eau-de-vie a for-
tement diminué pendant la dernière génération. Tandis qu'en 1865
et en 1866, la production de l'alcool atteignait encore 11.250.000 litres,

soit 4.73 litres par individu et par an, la moyenne actuelle n'est plus
que de 5 millions de litres : la consommation a donc diminué de
plus de moitié. En revanche, les progrès accomplis en Finlande par
les habitudes de tempérance ont eu pour résultat de faire augmenter
constamment l'usage des boissons rafraîchissantes non alcooliques.

Quant à tous les autres progrès matériels, industrie, routes, chemins de fer, canaux, navigation, échanges, ils égalent en proportion ceux des contrées les plus actives. A cet égard, les tableaux
statistiques sont fort intéressants à étudier. La Finlande progresse
en dépit des indignités qu'on lui fait subir, en dépit de la bassesse de
son suzerain, violant la parole qu'il avait solennellement donnée.

ELISÉE RECLUS.

INDEX. — **L'enseignement de la géographie, globes, disques globulaires et reliefs,** par Élisée RECLUS, broch. in-8°, 12 p , Institut géographique
de Bruxelles, 1902. — Étude sur les avantages dans l'enseignement géographique
d'avoir des globes et disques globulaires. La représentation de ce qui est, est bien
plus exacte.

SCIENCES GÉOGRAPHIQUES

VOYAGES. (Humanité nouvelle, Juillet 1903.

A la Côte d'Ivoire, six mois dans l'Attié (un Transvaal français), par Camille DREYFUS, vol. in-8, 319 p., 3 fr. 50, H. May, éditeur, Paris.

Le sous-titre nous révèle les conclusions de l'auteur. L'Attié promet d'être dans l'avenir un nouveau Transvaal, moins, il est vrai, par ses mines d'or que par ses plantations de caoutchouc. Les spéculateurs aventureux qui se risqueront sur les traces du voyageur pourront en même temps profiter des renseignements intéressants et utiles que donne M. Dreyfus sur le caractère et les mœurs des Attié. Nous nous permettrons cependant de ne pas accepter sans méfiance tous les jugements de l'auteur. Plusieurs fois dans le cours de l'ouvrage, il se plaint d'injustices commises à son égard et des outrages immérités du destin. Et lui, ne serait-il pas injuste à son tour envers les africains en les condamnant en bloc ? « La psychologie du noir est partout la même ; c'est un mélange de superstitions grossières, de mensonge, de ruses, d'un besoin instinctif de tromper. Et je ne sais pas d'exception à cet égard... » Pour ma part, au nom des amis noirs que j'ai eu l'honneur de connaître et la joie d'aimer, je proteste hautement contre ce jugement sévère.

ELISÉE RECLUS.

GÉOGRAPHIE ÉCONOMIQUE.

Les chemins de fer du grand-duché de Finlande, Imprimerie du Gouvernement, Helsingfors.

Cet ouvrage, publié avec un luxe discret, et sans ce fatras d'annonces qui déshonore la plupart des livres de ce genre dans notre Europe occidentale, nous donne les renseignements les plus intéressants et les plus complets sur la construction, les conditions économiques et le mouvement du réseau des voies ferrées finlandaises. On y apprend avec plaisir combien le trafic s'est prodigieusement développé dans ce beau pays, si tristement opprimé de nos jours.

ELISÉE RECLUS.

Lettre à M. Félix B. Basterra à propos de son livre: "El Crepúsculo de los Gauchos".

Mr. Félix B. Basterra.

Mi querido compañero:

Acabo de leer con atención vuestro trabajo *El Crepúsculo de los gauchos*. Sus descripciones me han impresionado muy dolorosamente. Sin duda que Vd. ha muy bien visto todo cuanto nos relata sobre la Argentina; pero, ¿no había otras cosas más que ver? Y entre esas tinieblas espesas, ¿no se aperciben algunos rayos de luz? ¿Que ahí, acaso, los elementos de progreso no tienen medio para desenvolverse? A pesar de todo, me rebelo contra vuestro pesimismo, por más que yo reconozca que vuestros cuadros estén conformes con la realidad, sean rigurosamente verdaderos.

Mas, estudiemos no importa cuál país de Europa ó de América—la Francia, por ejemplo. Fácil nos será sacar de ella una imagen igualmente sombría. Aquí, yo también veo que todas las instituciones llegan hasta la consecuencia lógica de sus funcionamientos: el capital devorando á los hombres; el ejército, con toda su vanidad de trajes, decoraciones y títulos, sembrando el horror en sus cárceles, cuarteles y consejos de guerra; la magistratura vendida; prostituyéndose la burguesía; y la Iglesia—de la cual usted no habla nada á propósito de la República Argentina—pringando las conciencias, preparando la materia humana para todas las servidumbres. Y, sin embargo, esta misma Francia, tan fea por algunos lados, es bella, vista por otra parte de su vida, y á nosotros nos da la esperanza de una gran renovación.

Me pregunto, también, si es usted perfectamente justo hacia los indígenas. Los contrastes no son tan nítidos como los que presentan las dos palabras de «civilización» y de «barbarie». La barbarie, me parece, fué representada, sobre todo, por los españoles que ahí fueron á maldecir, oprimir, masacrar; y es todavía su espíritu de autoridad divina, infalible, eclesiástica y romana, el que les permite imaginarse que, aun en su perfecta ignorancia, deben tener razón en contra del extranjero.

Quiera usted excusarme de haberle presentado estas pequeñas objeciones. Ellas provienen, puede ser, de la naturaleza optimista de mi espíritu, pero no desmerecen en nada el precioso valor documentario de vuestra obra.

Con toda cordialidad y amistad, devotamente vuestro,

Eliseo Reclus.

Bruxelas, 8 de Noviembre de 1903—(26, rue Vilain XIII.)

9

«NUEVO RUMBO»
DIARIO DE LA MAÑANA
DIRECCIÓN: CÁMARAS. 105

Montevideo, 2… de Abril de 1908 […]
[…] M. Elisée Reclus, Bruxelles […]

Muy querido compañero y maestro: […]
[…] sea, sea dirigido […] darle à Vd. las más expresivas
gracias por su carta […] sobre […] libro "El crepúsculo de […]
[…] cartas que publiqué, ejerciendo un evidente abuso, en la segu[nda]
[…] trabajos […] que con algún detalle de n[uestra]
[…] ya no esté de acuerdo, y Vd. nos perdonará esta irreve-
[…] la crítica […] aceptaré en absoluto vuestros concep[tos]
[…] por […] administración que […] profesa á Vd. cua[nto]
[…] que […] mantedía que nuestra crítica era justa.
[…] Ahora, maestro, á otro asunto. Como Vd. ve, posible mente,
[…] estudiarlo, desde luego, es anti político. Como el
país, que actualmente se desangra, vive sumido en una po-
[…] los trabajos pasados, gracias à sus dos partidos
[…] estudiarlos […] y su desarrollo será
nuestro fundamental propósito, prediciendo à la vez la
necesidad de independizar las iniciativas y energías del
país-del Estado, buscando el abstencionismo popular de la
política presente y miserable que acá no produce sino
guerras interminables, que sólo tienen su armisticio en
pactos que luego se protestan y … vuelta, de nuevo, à
la revolución.
Nuestra empresa se asegura, desde luego, económicamente, y
cada correspondencia, à vuelta de correo, se la abonaremos
como Vd. designe. Sólo, querido maestro, le he de decir

que por las pretensiones que [...] de los [...] el primer
diarios de [América?], nuestro presupuesto ha subido más
de lo necesario: Por manera, [querido compañero], que
[...] le agradeceríamos nos facilitase, nos ayudase mejor
[...] deseo, de salvar estos [inconvenientes ...]
[...] el [Comercio] ya [...] de [...] se [...] tanto en Bue[nos]
[Aires, y en] Montevideo y Méjico, cortan artículos de
escritores franceses y [...] producidos [...] de cuerpo, es
[...] nuestro propósito [...] presentando a los corresponsales con
[...] una nota biográfica y [...] retrato, [...] acá por un ex-
[...] dibujante. Por [...] pues [...] Ud. con [...] corresponde[r]
[...] de [...] que la [...] autografía, cosa que
[...] también [...] y [...] a los corresponsales
[...] tengo, [...]
[...] hasta la presente la envié la 2ª edición de El Crepúsc[ulo]
[...] pequeño folleto [...] que acaba de publicar "El Espíritu Nuevo"
[...]
[...] Creed[...] vuestra[...] [...] compañero que os admira,
[...] de [todos?] [...]
[...] Félix B. Basterra [...]
[...]
[...] vuelta [...] de nuevo [...]

[Nuestra compañera, desde luego, [...]
[...] vuelta de [...] de la obra [...]
[...] Solo, querido nuestro, le he de decir[...]

"L'Humanité Nouvelle", Paris.
1ᵉʳ décemb. 1903.

LIVRES ET IDÉES EN FRANCE ET A L'ÉTRANGER

I. — SCIENCES ET VOYAGES

Atlas des Colonies Françaises, dressé par PAUL PELET, Paris,
(Armand Colin).

Ce recueil se compose de vingt-sept ou plutôt de vingt-six cartes, car
la dernière contient des plans spéciaux offrant surtout un intérêt stra-
tégique. Vu la très grande différence en étendue territoriale que présentent les diverses contrées, le cartographe n'a pu donner à ses planches
une échelle unique, mais il a fait tout son possible pour les ramener à des
types simples qui permettent la facilité des calculs. A cet égard, il nous
semble avoir beaucoup mieux réussi que la plupart des publicateurs
d'atlas; neuf cartes de M. Pelet sont à l'échelle du millionième; presque toutes les autres sont dressées aux multiples et aux sous-multiples,
2 ou 3 millionèmes, 250.000ᵉˢ ou 500.000ᵉˢ. C'est dire avec quel scru-
pule le travail a été préparé pour faciliter l'étude au lecteur.

Encore à un autre point de vue, M. Pelet se distingue heureusement
de la plupart des cartographes, surtout de ceux qui s'occupent des régions
coloniales : il traite avec le même souci la vérité scientifique, les territoires dits « étrangers » et ceux que les Français revendiquent en maîtres.
Il a le respect de la Terre sous quelque drapeau qu'elle soit ombragée;
et les cartes qu'il nous donne prennent ainsi un intérêt général et un
caractère esthétique dont nous lui sommes reconnaissants.

Chaque carte, en particulier, mérite d'être signalée dans l'Atlas, et
d'être louée pour la précision et la clarté du dessin et de la nomencla-
ture, pour la belle ordonnance du travail, pour tous les renseignements
complémentaires qui ont été fournis sans trop charger la feuille. Ainsi,
les principaux itinéraires des voyageurs ont été tracés dans les contrées
annexées récemment au domaine des connaissances géographiques ; des
glossaires facilitent l'étude des noms locaux, notamment dans le Sou-
dan et l'Indo-Chine ; les gîtes métallifères sont indiqués en divers pays ;
enfin, la carte de la Tunisie est complétée par le dessin des courbes
d'égale profondeur. A tous égard, l'Atlas de M. Pelet doit être cité en
modèle pour la probité scientifique et la belle exécution du travail.

ELISÉE RECLUS.

13

FAITS ET DOCUMENTS

I. — MOUVEMENT GÉOGRAPHIQUE

Dans notre dernier article il fut question des navigateurs de diverses nationalités qui se dirigeaient séparément vers l'Antarctide à la recherche du Suédois Nordenskjold aventuré dans les glaces et depuis longtemps coupé de ses communications avec l'Europe. Un télégramme nous annonce qu'il a été retrouvé avec son équipage dans la partie orientale de l'archipel Louis-Philippe. Toutes nos félicitations aux vaillants explorateurs sauvés de la mort.

Mais nous félicitons aussi les sauveteurs et nous sommes tout particulièrement heureux que la chance de la trouvaille ait échu à l'expédition des Argentins. Qu'importe, dira-t-on, que dans cette œuvre de solidarité scientifique l'honneur du sauvetage appartienne à des Anglais ou à des Français, à des Suédois ou à des Américains du Sud ? Qu'importe en effet, au point de vue des principes et de la bonne fraternité humaine ! Toutefois n'oublions pas que nous sommes encore dans une époque de rivalités impérialistes et de conquêtes, et tenons un compte précieux de tous les faits qui appartiennent à l'actif des républiques latines de l'Amérique.

Leurs territoires, le monopole de leur commerce sont convoités par les puissances d'Europe et surtout par la république envahissante des Américains du Nord. Le Brésil et les communautés hispano-américaines ont, depuis les affaires du Cuba, de Puerto-Rico, des Philippines, de Panama, tout à craindre de leur formidable voisine. Il importe donc de signaler avec piété tous les progrès par lesquels ces pays menacés témoignent de leur participation au mouvement de la culture mondiale; il faut contribuer à leur défense en montrant que là aussi il y a des hommes de bonne volonté qui collaborent à l'œuvre générale de civilisation et dont les droits méritent d'être respectés autant que les nôtres; il faut prouver combien les Anglo-Américains sont injustes quand ils présentent leur œuvre d'envahissement comme une poussée de la Civilisation contre la Barbarie. Dans ce cas particulier, la main mise de l'armée américaine sur la républiquette de Panama, l'occupation militaire des bords du canal sur une largeur totale de 16 kilomètres, l'installation de casernes dans les deux villes extrêmes, Panama et Colon, avec une demi-tolérance de l'autonomie municipale, enfin la transformation de l'archipel des Perlitas en un arsenal de guerre, sont autant d'actes de piraterie que les agresseurs essaieront en vain de présenter comme des bienfaits de leur « civilisation » supérieure. Bien au contraire, la prétendue déclaration d'indépendance de Panama n'est qu'une honte de plus dans l'histoire de la politique conquérante des Etats-Unis. Ce sont des agents financiers qui ont payé à coups de millions tout ce bel enthousiasme de liberté; pour la première fois on a vu la ferveur républicaine récompensée par des liasses d'actions.

Certes la révolution industrielle et commerciale que l'annexion virtuelle de Panama par les Etats-Unis nous promet pour un avenir prochain est de celles dont l'importance est trop grande pour qu'il soit possible de la prévoir en entier. On sait que le percement de l'isthme de Suez a changé l'équilibre du monde en un petit nombre d'années. Le raccourcissement de la route des Indes, qui était le but principal des ingénieurs, a naturellement produit toutes les conséquences qu'on en attendait au point de vue de la navigation et du trafic; mais en outre on a vu la Chine, le Japon devenir des proches voisines de l'Europe; la question de l'Extrême-Orient, plus pressante, plus grosse de résultats, a succédé à la question d'Orient; le mouvement général de l'histoire s'est précipité. De même il est facile de prédire que le percement de Panama amènera sans aucun doute des changements analogues. Non seulement il ouvrira une route directe de New-York à la Nouvelle-Zélande, à l'Australie, aux Philippines, à Hong-Kong, mais il fera surgir de nouveaux problèmes politiques, diminuera encore la superficie du monde, qui nous paraît si petit, et mettra tous les peuples de la terre en présence ou du moins en très grande proximité les uns des autres.

Le premier résultat pour les États-Unis eux-mêmes sera de donner à leur territoire une plus grande unité géographique. Actuellement New-York et San-Francisco sont très éloignés par mer, et presque toutes les expéditions doivent se faire par les voies ferrées qui escaladent les plateaux et les cols des montagnes Rocheuses; mais dès que la route des navires se trouvera raccourcie de moitié ou même des deux tiers, la concurrence de la navigation deviendra fort redoutable aux chemins de fer, et c'est là même, soit dit en passant, ce qui explique les protestations véhémentes que certains journaux de New-York ont fait entendre contre le coup d'État de Panama : en pareille matière, il est au moins prudent de se méfier des accès de moralité dont la presse financière se trouve animée soudain.

Quoi qu'il en soit, la nouvelle route navigable, ouverte, avec ou sans écluses, à travers le pédoncule qui réunit les deux Amériques aura certainement le résultat de rapprocher intimement les côtes opposées, atlantiques et pacifiques, et d'unir les deux littoraux distincts en une ligne presque continue : elle donnera aussi au rivage occidental du Mexique une valeur commerciale qui lui manquait et l'on verra soudain fleurir les ports solitaires et presque inutiles d'Acapulco, de Sihuantanejo, de Manzanillo, de San Blas, de Mazatlan. Du côté opposé, sur la rive de l'Amérique méridionale, nous verrons se produire un phénomène analogue.

Les ports colombiens de Tumaco, de Buenaventura, les villes équatoriennes d'Esméralda et de Guayaquil, les escales du Pérou deviendront aussitôt des centres d'activité d'où les routes, fréquentées désormais, rayonneront vers l'intérieur. L'œuvre d'unification qui se sera réalisée dans l'Amérique du Nord se reproduira sous une autre forme dans l'Amérique du Sud, en aidant à l'accroissement des communications entre les deux versants des Andes.

Ce seraient là certainement des progrès matériels d'une haute importance. Mais ne peut-on prévoir aussi les conséquences politiques de l'acte de spoliation commis avec tant de désinvolture? Et, d'abord, quel en sera le contre-coup sur la république de Colombie, la victime directe de la conquête?

Ou bien, sentant son impuissance militaire absolue, vu le manque de flotte et de troupes organisées, elle se résignera, laissera les destins s'accomplir, et alors les prétextes ne manqueront pas pour lui enlever successivement les ports et les districts qui seront à la convenance de l'envahisseur, même les régions riches en mines d'or, comme les montagnes d'Antioquía.

Ou bien la République ne voudra pas accepter le fait accompli, et si la guerre envahit les vallées et les plateaux de l'intérieur, ce seront des tueries sans fin, des massacres comme ceux dont les Philippins nous donnent depuis des années tant de hideux exemples.

De l'autre côté des frontières de Panama, les petites républiques de l'Amérique centrale semblent des morceaux bien minces pour le gros appétit de la grande puissance du Nord. Que sont ces États minuscules du Costa-Rica, du Nicaragua, du Honduras, du Salvador, et même du Guatemala, en comparaison des fortes armées que les États-Unis peuvent jeter, quand ils le voudront, sur un point quelconque du littoral! D'ailleurs, il ne s'agira que de continuer des habitudes déjà prises, car bien des fois les Américains du Nord se sont promenés de long en large sur le territoire du Nicaragua, et l'on nous dit que la république du Honduras a été livrée en entier, mines, forêts et pâturages, à des prêteurs de New-York. La première occasion lui permettra de transformer ces droits financiers en revendications politiques.

Et la république mexicaine? Mais l'avenir se déroule au loin, arrêtons-nous ici.

ÉLISÉE RECLUS.

LA BELLEZA DE LOS MANANTIALES

En los valles, al pié de las montañas, ó aún en las llanuras que se ex-
tienden ante las alturas secundarias, es en donde se hallan los manantiales
en mayor abundancia. Las fuentes forman la belleza de esos paisajes dis-
cretos en que la naturaleza aparece entera en un espacio restrinjido. A ori-
llas del arroyuelo que corre con un murmullo y dá, por así decirlo, una
voz acariciadora á la tierra, se ve con una sola mirada todo un conjunto
gracioso que encanta y que consuela. Sin hacer esfuerzo, uno puede sen-
tirse vivir con los objetos cercanos, que parecen hechos á la altura del hombre; uno está enternecido y no oprimido, presa de admiración como á la
vista de las cataratas, de los ventísqueros ó de las olas del mar. Además,
¿podríase, frente á los manantiales, no sentir instintivamente que allí se
encuentran los oríjenes mismos de las civilizaciones? En ese rinconcito,
todo estaba dispuesto, como á pedir de boca, para las necesidades del pri-
mér labriego: algunos árboles inclinados que le daban sombra, un montí-
culo que le abrigaba del viento, agua clara para su jardin, piedras para su
cabaña ¿que más necesitaba para empezar esos grandes trabajos de cultivo
de la tierra que han hecho de nosotros, sus descendientes, lo que somos?
Si el hombre refinado de nuestras ciudades no puede contemplar un manantial sin emoción poética. ¡cuánto más vivo debía ser ese sentimiento
en nuestros antepasados que vivían en plena naturaleza! Entre los pueblos
antiguos, los hay que reverenciaban á las fuentes como á divinidades.
Los griegos, que sabían también atribuir á la tierra sus pasiones y sus ale-
grías, han animado á cada una de sus fuentes y la han transformado en
una graciosa ninfa ó en un bello semi-dios. Todos los viajeros se asom-
bran cuando descubren esas humildes fuentes de Hipocrene ó de Castalia,
esos arroyuelos de Scamandra, de Alfeo, de Hysus ó de Eurotas, á los que
han dado gloria imperecedera los poétas de Grecia. ¡Como, esas son las
humildes aguas que los helenos honraban con medallas, estátuas y templos;
esos son los hilillos de cristal que se deslizan entre las piedras, los patro-
nos de ciudades poderosas, invocados por los divinos rapsodas en sus can-
tos! Esas fuentes nos parecen muy poca cosa á nosotros, bárbaros del
Norte, que no sabemos apreciar si nó lo colosal y que reservamos nuestra
admiración para los grandes ríos como el Misisipí ó la corriente del Ama-
zonas; y sin embargo ¿quién describirá jamás la inefable belleza del más
humilde manantial? Que se esparza bajo los árboles misteriosos, entre dos
riberas floridas, que salga lentamente de la obscuridad de las grutas, bajo
las blancas rocas calcáreas, ó que surja como perlas de un fondo de guijarros
y haga bailar los granos de arena en sus gotillas, cada fuente tiene su ca-
racter especial de gracia ó de severa belleza. Una es el encantador Acis,
que escapa á las rocas de lava bajo las cuales quería enterrarlo el Cíclople;
otra es la ninfa Aretisa, que nada bajo los mares para no mezclar su agua
azul con la onda turbia de un río, otra más es la virgen Ciana, bañando las
flores que cojía para coronar á Proserpina. 
Se comprende facilmente la veneración que tienen los habitantes de las
comarcas tropicales cuyo suelo es árido y el cielo abrasado. En los lími-
tes de los desiertos y en los oasis es donde se siente mejor el inestimable
precio del raro manantial. Esa débil fuente que se escapa de la hendidura
de una roca, nutre las hierbas, los granos y los frutos necesarios para la sub-
sistencia de toda la tribu. Que se agote, y la tribu está obligada á emigrar

en seguida, so pena de morirse de hambre y de sed. Por eso el habitante del oasis profesa un verdadero culto á esa agua bienhechora que le dá la vida. Bajo los climas más favorecidos por las lluvias, el amor del hombre hacia los manantiales disminuye naturalmente en proporción á su abundancia; pero en el espíritu de todos los pueblos, aún de aquellos que habitan los países mejor bañados, se encuentra un resto de ternura para con las aguas surjentes. Es probablemente á causa de esa veneración instintiva que los montañeses de Suiza no consideran á los torrentes de agua fangosa que salen del arco terminal de los ventisqueros como las verdaderas fuentes de los ríos; otorgan esa honra á las fuentes discretas cuya agua pura se escapa en hilillos de la base de una roca. Para ellos, el verdadero Ródano no es el torrente que salta desde el ventisquero; es un arroyuelo ligeramente termal que se desliza entre las piedras, algunos centenares de metros abajo del ribazo frontal. La fuente, que no se agota nunca en invierno cual el torrente de los hielos, tiene el agua ferruginosa y enrojece á los guijarros de su lecho; de ahí vendría, lo que parece muy dudoso, el nombre de Ródano (*Rotten*).

No solo el encanto y la utilidad de las fuentes las hacen amar, si nó también el misterio de su oríjen. El hombre gusta preguntarse de dónde vienen esas aguas puras, y que vías han seguido en el interior de la tierra antes de llegar á la luz del día. Esa ninfa encantadora, ¿en que gruta reside y desde la cumbre de que montaña á bajado? Tales son las preguntas que se hace el ignorante á la vista de las fuentes y que el sábio está lejos de haber resuelto. ¡Cuantos estudios y cuantas investigaciones son necesarias todavía ántes que se pueda, sin temor de equivocarse, seguir el inmenso circuito cumplido por la gota de agua á través de las rocas, los ríos y las nubes!

Eliseo Reclus

FAITS ET DOCUMENTS

I. — MOUVEMENT GÉOGRAPHIQUE

Récemment, je recueillis l'écho des controverses passionnées qui se produisaient dans les revues et journaux de France au sujet des voies de communication qui parcourent le territoire. On me rapporta notamment le propos d'un ingénieur qui tire argument du relief primitif des Gaules, pour contester à Lyon et à Bordeaux le droit de s'unir par des trains directs, fréquents et rapides.

Il est vrai, les voies les plus faciles indiquées par la nature sont bien celles que suivirent spontanément les peuples et où des chemins réguliers, d'abord simples pistes, puis routes pavées, enfin chaussées carrossables et rails de fer parallèles, se sont succédé pendant le cours des siècles. C'est ainsi que certaines lignes historiques se sont tracées et maintenues depuis les origines de la civilisation. La route qui rejoint l'Aude à la Garonne par le seuil du Lauragais, celle qui conduit de la Méditerranée à l'Océan par les brèches de la Côte-d'Or, la Saône et le Rhône, sont restées des voies majeures, et de nos jours comme aux temps des César, des Clovis et des Charlemagne, les fleuves humains tendent à contourner dans leurs déplacements les hautes terres centrales de la France: ils se meuvent dans les parties basses comme jadis les flots de la mer. Mais la vie n'est-elle pas le renouvellement incessant des cellules? L'histoire modifie diversement les points vitaux de la planète; elle en éteint çà et là quelques-uns, tandis qu'ailleurs elle en fait surgir de nouveaux. L'industrie exhausse les plaines, franchit les détroits et rabote les montagnes. Tout se renouvelle par la jeunesse éternelle des choses, et nous serions condamnés à cheminer plus ou moins vite sur des sentiers antiques des Magdaléniens et des Tectosages!

Non sans doute. Quoique la France change moins vite que ses voisines, à cause du faible accroissement de sa population, elle change pourtant de jour en jour. Des cités nouvelles se sont fondées en des lieux que n'eussent point choisis nos aïeux Ligures ou Gaulois, Saint-Etienne, Montceau, Montchanin, Le Creusot. Des voies de communication que les prophètes d'autrefois n'eussent osé prévoir ont été forées à travers des montagnes; mais, phénomène bien plus important encore, les mœurs ont changé. Les voyageurs et les expéditeurs sont devenus plus exigeants. Il leur faut la sécurité, la régularité, la vitesse, et non seulement vers Paris où se centralisent leurs intérêts majeurs, mais aussi vers les cités secondaires. La routine peut s'en étonner, qu'importe? Si l'ancien réseau de chemins de fer est insuffisant, que Messieurs les intéressés à son maintien veuillent bien abandonner leur monopole, la nation ne sera pas embarrassée pour reconstruire les chemins avariés!

Le fait est que par certaines parties de son outillage, chemins de fer et voies navigables, la France est dans un état de pénurie lamentable. N'est-ce pas un scandale que le Havre ne puisse encore avoir de communications directes par terre avec les plaines de Normandie qui s'étendent de l'autre côté de la baie et des fleuves de Seine ? Malgré cinquante années de réclamations, Marseille, le vieux port des Phéniciens et des Grecs, demande encore une deuxième voie qui la rattache directement à Paris ; elle demande surtout à ne faire qu'un immense et admirable organisme commercial avec l'embouchure du Rhône et toutes ses dépendances naturelles, l'étang de Berre devenu bassin de réserve, le désert de la Crau et les marais de la Camargue, transformés en jardins. Et les villes, du Midi, en Languedoc et en Aquitaine, n'ont-elles pas le droit de s'irriter, lorsqu'elles voient leur beau canal, jadis la gloire de la France, transformé en une mauvaise rigole d'irrigation ? Tandis que d'impétueux nationalistes leur promettent une voie navigable pour des flottes de guerre, un nouveau détroit de Gibraltar, Bordeaux, Cette, en sont à se demander si elles continueront d'être classées au nombre des grands ports maritimes. Enfin, Nantes se trouve dans cette situation risible d'occuper à proximité de la mer les rives du plus grand fleuve de la France océanique et de ne pas avoir, amarrée à ses quais, une seule barque venue des campagnes riveraines de la Loire : à cet égard, elle en est à regretter le beau temps du XVIe siècle.

C'est principalement dans le voisinage des frontières que l'Etat, centralisé, militaire, paperassier, s'est arrangé de façon à retarder le mouvement naturel de transformation des voies historiques. Des générations d'ingénieurs sont mortes à la peine dans cette éternelle discussion relative au chemin de fer de Nice à Turin par le col de Tende, et maintenant que tout le monde est d'accord, on se gardera bien de placer les rails avant que, de part et d'autre, tous les forts d'arrêt soient construits et armés. On n'ose pas même parler d'un chemin de fer direct de Marseille à Turin à travers les Alpes, tant on frémit à la pensée des fortifications que le génie aurait à élever sur les deux versants : avec les millions dépensés dans tous les forts qui hérissent les montagnes, de Grenoble à Alexandrie, on aurait déjà construit dix lignes de chemins de fer et les Alpes auraient été commercialement nivelées.

Quant aux Pyrénées, qui pour les diplomates sont censées ne pas exister depuis Louis XIV, elles existent si bien qu'elles ne sont encore traversées par chemin de fer en aucune partie de leur rempart. La France et l'Espagne ne sont pas unies directement par une ligne franche perçant ou escaladant les monts, Paris ne rejoint Madrid et Barcelone que par des contournements de la chaîne, à l'ouest par les provinces Vascongades, à l'est par le littoral marin. Chaque département de la frontière réclame l'honneur de posséder la future ligne maîtresse entre les deux contrées ; les tracés, les profils constituent déjà d'énormes atlas, mais rien n'est fait ; tous les embranchements de la ligne du Midi vont se perdre dans les impasses des vallées pyrénéennes, et des roches abruptes, des cirques d'éboulis, des champs de neige dominent les gares terminales qui sont autant de « bouts du monde ».

Parmi toutes les grandes villes de France, celle qui est incontestablement la plus lésée par la maladministration du gouvernement central, c'est, à n'en pas douter, la ville de Toulouse. Voilà une cité historique par excellence, l'étape centrale de la voie la plus courte qui mène de la Méditerranée à l'Océan et le point de diramation de toutes les routes du Midi. Elie de Beaumont, dans sa *Description Géologique de la France*, indiquait Paris et Toulouse comme les deux « pôles d'attraction » des Gaules. Certes, Paris a grandement répondu à ses destins ; mais Toulouse, dès longtemps opprimée par les gens du Nord, n'a point encore accompli son rôle historique. Elle n'est pas devenue l'entrepôt nécessaire de répartition dans tout le Midi par terre et par eau, et surtout l'Espagne lui reste fermée, l'Espagne dont toutes les grandes issues lui appartiennent, en vertu des conditions géographiques de l'Europe.

ELISÉE RECLUS.

II. — CHRONIQUE GÉOGRAPHIQUE

Décidément, le « monde est petit », et nous avons la sensation de nous y sentir comme emprisonnés. Les circumnavigateurs se hâtent pour diminuer la longueur du voyage. Tout récemment ils étaient fiers de l'achever en quatre-vingts jours ; maintenant ils méprisent celui qui demande, pour accomplir ce grand tour, soixante fois vingt-quatre heures. Aux origines de l'histoire, chaque peuplade était entourée d'un horizon qui lui paraissait la borne du monde ; de tous les côtés elle était assiégée par l'inconnu. Maintenant il n'est pas un homme d'instruction moyenne qui ne sente la boule terrestre se rapetisser sous ses pieds.

Toutes les contrées de la Terre, jadis vaguement figurées, sont représentées maintenant par des cartes dont les linéaments, mesurés avec précision, répondent exactement, suivant une échelle mathématique aux contours vrais, aux fleuves et aux montagnes de la contrée.

Il ne se passe pas de jour que cet inventaire des formes de la superficie terrestre ne s'accroisse de nouveaux détails et ne se dessine avec plus de rigueur. Les géographes mettent leur ambition à dresser la carte parfaite du sphéroïde qu'ils habitent et sauf quelques blancs de faibles dimensions restés çà et là sur leurs dessins, dans le milieu des continents, ils n'ont plus devant eux que deux vides : les deux calottes polaires défendues par les banquises et les murs de glaces. Dans la zone boréale, l'espace à reconnaître n'est plus que de 3.980.000 kilomètres carrés (1), soit environ huit fois la France, ou la 128ᵉ partie de la superficie terrestre, une fois et demie la surface de la Méditerranée, et les explorations polaires se succèdent si rapidement de nos jours qu'on peut s'attendre pour chaque année à une extension notable des itinéraires dans la direction du pôle. Dans les parages de la zone polaire australe, vers l'Antarctide, la surface du vide à conquérir par les explorateurs est beaucoup plus vaste : elle est évaluée actuellement à plus de 13 millions de kilomètres carrés, ce qui représente une étendue plus grande que celle de l'Europe.

Il y a là quelque chose d'humiliant pour le génie humain, et la compétition qui s'est produite entre savants aventureux, Anglais, Ecossais, Norvégiens, Suédois, Belges, Français et Italiens, en vue de forcer les banquises méridionales, prouve que l'homme a ressenti comme une blessure d'amour-propre à n'avoir, pour ainsi dire, qu'effleuré un petit nombre de points sur le pourtour du continent présumé. En un pareil royaume de neiges et de glaces, où nul ne compte trouver de frères en humanité et où l'on n'a encore rencontré jusqu'à maintenant ni mammifère ni reptile, et seulement un insecte, les voyages ne sont point comparables en intérêt d'utilité immédiate à ceux qu'on entreprend dans les contrées populeuses et fertiles ; mais il suffit que ces terres et ces eaux antarctiques soient inconnues et dangereuses à tenter, il suffit que la mort en défende l'entrée, pour que l'homme veuille les parcourir, en connaître la forme, l'aspect et toutes les conditions physiques. Le savant tient à voir de ses yeux jusqu'à la dernière roche et à la dernière goutte de son domaine terraqué. Il est vrai que

(1) Olinto Marinelli. *Rivista geogr. Italiana*, April 1902, p. 194.

l'illustre navigateur Cook, ayant, comme il arrive souvent aux grands hommes, voulu fixer des limites au savoir de la postérité, avait prétendu que jamais aucun marin ne voguerait sous des latitudes plus rapprochées du pôle qu'il ne l'avait fait lui-même. Découragés par cette prophétie, bien rares se firent les voyageurs qui osaient se hasarder au delà des premières citadelles flottantes détachées des glaciers du Sud. Les explorations polaires antarctiques ne recommencèrent que dans la troisième décade du dix-neuvième siècle, puis, après la découverte de la Terre de Victoria, de ses hauts volcans et de la grande falaise de glace que l'on crut infranchissable, les tentatives cessèrent de nouveau. Mais la volonté humaine est incompréhensible. Les voyages polaires antarctiques ont repris avec le nouveau siècle. Le premier hivernage dans les banquises australes se fit avec Adrien de Gerlache, puis les marins de la *Discovery* osèrent gravir le volcan Terror et pousser au Sud à travers les neiges sur les plateaux du continent. Le vaillant Otto Nordenskjold, d'autres encore séjournent dans ces lieux terribles, et récemment trois groupes d'explorateurs se sont rencontrés à Madère pour discuter les moyens les plus sûrs de secourir ces compagnons en danger.

Actuellement, la curiosité des simples contours de la planète n'est pas la seule qui anime l'habitant de la Terre, il veut aussi pénétrer sous l'écorce, en savoir la composition, en étudier la vie. Après avoir achevé l'étude extensive du globe, il tient à en faire l'étude intensive. Après avoir reconnu les formes et mesuré les dimensions de son habitat, il fouille le sol, scrute les assises, poursuit les veines de sable, d'argile ou de charbon, les filets d'eau et de métal, compare les terrains entre eux, découvre leur âge et leurs rapports de succession : il est devenu géologue, et ces mêmes cartes qu'il a su faire pour indiquer la position respective de tous les traits de la surface terrestre, il les a reprises pour y indiquer la nature, la superposition des strates, ainsi que leur usage dans ses travaux. Tandis que des travailleurs explorent ainsi la terre, d'autres parcourent les fleuves, les lacs et la mer ; ils en étudient la température, la salinité, les courants, la houle, les abîmes, les tourbillons ; ils en signalent tous les dangers, découvrent les moyens de les éviter. D'autres explorent les gouffres de feu, les laves et les cratères, tandis que d'autres encore sondent l'espace aérien, s'aventurant jusque par-delà les confins de l'air respirable. Et que de recherches annexes, que de sciences spéciales se rattachent à ces ordres primaires d'études dans le grand domaine du genre humain ! Ce n'est pas seulement par milliers, mais par millions, — pour être juste envers tous les humbles, — que l'on doit compter les collaborateurs de l'œuvre immense de la planète.

C'est par centaines que paraissent chaque année les ouvrages de géographie méritant d'être lus, étudiés, annotés, et dans le nombre, il en est toujours quelques-uns que l'on peut comparer triomphalement, et à leur avantage, aux meilleurs livres qui nous ont été légués par les générations antérieures. Il y a vraiment lieu d'être émerveillé du savoir, de la sagacité, de la méthode de tant de jeunes savants qui présentent le résultat de leurs recherches, soit en des mémoires séparés, soit en d'excellents recueils, parmi lesquels nous pouvons citer en toute première ligne les *Annales Géographiques* de Paris.

ELISÉE RECLUS.

"La Revue" — 1ᵉʳ mai 1904

FAITS ET DOCUMENTS

I. — MOUVEMENT GÉOGRAPHIQUE

Le monde des voyageurs est très justement en joie. Un officier, M. Lenfant, chargé de mission par la Société de Géographie de Paris, vient de revenir triomphalement avec son compagnon Lahure. Non seulement le succès du voyage a été complet, mais qui plus est, l'explorateur avait su diriger son itinéraire de façon à transformer en certitude une présomption née depuis longtemps de ses entretiens avec les indigènes. Une présomption géographique des plus intéressantes, que signalaient déjà les cartes, a été mise hors de doute. (Voir la carte dressée par M. Marius Chesneau, en date de décembre 1903, dans l'*Année cartographique* Schrader, publiée par la librairie Hachette.

Quoique les entremêlements de bassins fluviaux à pentes en forme de toits soient des phénomènes assez rares sur la terre, M. Lenfant était parti avec l'idée préconçue que le bassin du Niger et celui du Tchad communiquent par une voie d'écoulement partiellement navigable, et ses prévisions se sont trouvées justes. Après avoir remonté le Niger et la Bénoué, jusqu'en amont de Yola, où cesse la navigation à vapeur, il s'était engagé sur un affluent, le Mayo-Rebbi, qu'il fallut remonter à grands efforts, au moyen de cannes en bambou, jusqu'à l'entrée de gorges formidables, obstruées de roches, d'où l'eau plonge en plusieurs nappes d'une hauteur totale de 90 mètres. Là était le grand obstacle, qu'il fallut franchir en démontant le bateau, en portant les fragments isolés de l'embarcation dans le bief supérieur, puis en trouvant le moyen de recruter dans la population hostile les éléments nécessaires à une expédition nouvelle, sur le cours supérieur de la rivière, ou plutôt sur le chapelet des lagunes, des coulées et des marais de Toubouri. Mais la continuité hydrologique devinée par M. Lenfant était bien réelle et la barque atteignit enfin l'abri d'une fausse berge derrière laquelle se révéla tout à coup, dans sa majesté, le beau fleuve Logone, d'où les navigateurs n'avaient plus qu'à se laisser porter au Chari, puis au lac Tchad. La voie était glorieusement découverte.

Certes, voilà un grand progrès accompli dans l'exploration du continent africain! Tout d'abord, la structure générale du pays nous est révélée dans un de ses traits essentiels, l'épanchement des eaux du bassin central vers la pente nigérienne. Et puis, en attendant les voies artificielles qui porteront voyageurs et marchandises de tous les points vifs du littoral vers tous les centres de l'intérieur, voici qu'on jalonne la route qui est incontestablement la meilleure, la moins semée d'obstacles, la plus courte, la plus libre d'escales, de transbordements. M. Lenfant, comparant les deux routes, celle qu'il a explorée le premier, et celle que devaient suivre avant lui les autres explorateurs, évalue la durée de son voyage à moins de moitié et l'économie à 1.500 francs par tonne; quant aux transbordements prévus ils seront de deux seulement au lieu de seize.

Tels sont les résultats immédiats. Il reste toutefois une question de laquelle on ne parle pas actuellement parce qu'elle touche à la corde sensible des sentiments patriotiques. Pour se rendre au lac Tchad, voyage qui, jusqu'à maintenant, ne peut guère avoir d'importance économique réelle, mais qui possède une valeur de premier ordre au point de vue militaire et diplomatique, une petite troupe française n'a que deux routes ouvertes devant elle à travers le territoire appartenant officiellement à la métropole. Ou bien il lui faudrait partir d'Alger ou de Tunis, traverser le Tell, les plateaux et les déserts et gagner, de point d'eau en point d'eau, les côtes septentrionales du lac Tchad par le Kanem; ou bien elle aurait à prendre la voie du Sud en parcourant les immenses étendues du Congo français et gagner le Baghirmi, soit par le bassin de la Sangha, soit par celui de l'Oubanghi, pénibles voyages dont les explorateurs du Tchad connaissent les fatigues. Mais la route nouvelle, la belle route, désormais conquise, parcourt le territoire anglais sur le Niger et la Bénoué, puis pénètre en domaine germanique dans le Mayo-Kebbi, pour y revenir encore après une pointe en sol français. C'est en pays allemand que se trouvent les étapes capitales du chemin. Certainement la chose importe peu en soi, mais on doit en tenir compte au point de vue de la distribution du pouvoir politique dans le continent africain. Il est certain que, d'une manière générale, la possession du Cameroun, à l'angle du golfe de Guinée et sur le pli d'entre Niger et Nil, assure à l'Allemagne une position dominante dans l'ensemble de la masse continentale.

ELISÉE RECLUS.

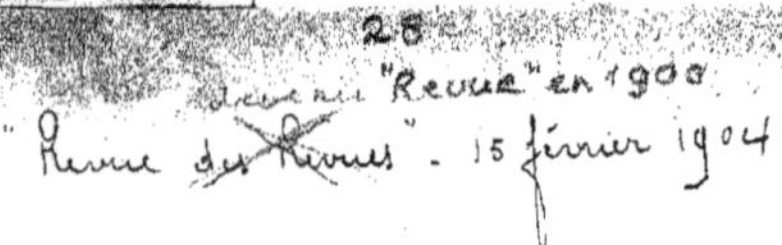

FAITS ET DOCUMENTS

I. — MOUVEMENT GÉOGRAPHIQUE

Les recueils scientifiques nous apportent une nouvelle d'un très haut intérêt. Les frères Sarrazin, voyageurs laborieux et constants dans leurs recherches, ont découvert dans l'île de Célèbès, dont ils ont fait leur domaine d'étude, une tribu d'hommes des bois qui ne connaissaient pas l'usage du feu. Vivant dans une partie de la grande île où ne flambent point de volcans, les Ta-Ota n'avaient jamais vu dans leur voisinage immédiat de flammes, de braises, de scories brûlantes et jamais la foudre n'avait allumé leurs forêts humides. Déjà, dans une terre des mêmes parages équatoriaux, dans la Papouasie ou Nouvelle-Guinée, le voyageur russe Mikloukho-Maklaï avait vécu parmi des indigènes qui disaient ne connaître le feu que depuis un petit nombre de générations, mais ce fait paraissait douteux, et les ethnologistes professaient, comme une thèse indiscutable, que l'âge de la « pro-pyrie », de l'« avant-foyer » avait cessé pour tous les hommes depuis les temps immémoriaux. Ils se trompaient. Dans la multitude des groupes sociétaires épars à la surface de la planète on peut observer toute la série des civilisations, telles qu'elles se sont développées dans la succession des âges, depuis la forme la plus rudimentaire et la plus simple jusqu'à la plus infiniment complexe. Et parmi les plus arriérés de ces hommes il en est desquels on peut se demander s'ils font encore partie de l'animalité primitive ou s'il faut déjà voir en eux des représentants de ce genre humain que nous avons qualifié de « maître de l'univers ».

Que les Ta-Ota de Célèbès soient parmi « les rois de la création » il n'y paraît guère pour le moment. Si leur domination des éléments ne s'est pas encore élevée jusqu'à la connaissance et à l'usage du feu, leur puissance de coordination intellectuelle n'a pas réussi à classer les objets jusqu'au nombre trois, et il ne paraîtrait pas même que leur sens du mystère et de l'au delà permît de voir en eux, avec Quatrefages, des « animaux religieux ». Ces hommes des Bois, blottis dans leurs fourrés et leurs broussailles, suffisamment alimentés par les fruits, les racines, les gommes et les moelles que leur donne la forêt nourricière, vivent et meurent en paix, sans luttes intestines et, jusqu'à maintenant, sans guerre avec leurs voisins. Ils viennent seulement de faire connaissance directe avec ces tribus limitrophes, et l'on peut se demander, hélas ! si leur rencontre avec des « frères en humanité » sera de nature à les rendre plus heureux.

Il peut sembler étonnant au premier abord que ces aborigènes si faiblement développés en culture soient nés en une contrée si riche en productions spontanées, si favorisée par les conditions du climat et la fécondité du sol. L'Insulinde dans son ensemble peut être considérée comme la région par excellence de force et de beauté créatrice et l'île de Célèbès en particulier est, de toutes les terres indonésiennes, celle qui répond le mieux par la magnificence et le charme de ses paysages, par la splendeur de sa végétation, par la variété de ses espèces végétales et animales, à l'idée que le poète peut se faire d'un paradis terrestre : c'est bien là le lieu d'élection si parfaitement adapté à tous les besoins et à toutes les jouissances de l'homme que le bien-être et le bonheur ne pourraient y être troublés, si ce n'est par le caprice de l'homme lui-même. L'Insulinde est la partie de la terre où naquirent et où vivent encore quelques-unes des espèces les plus remarquables parmi les grands singes anthropoïdes ; c'est la région où l'on a retrouvé récemment les restes fossiles de l'être intermédiaire dans lequel les anthropologistes voient le personnage de transition entre les pithéciens et les hommes. C'est là que fut le berceau de l'anthropopithèque ; c'est là peut-être que l'humanité prit conscience d'elle-même.

Et pourtant c'est dans l'île la plus belle de cette région exubérante de vie créatrice que les voyageurs découvrent la peuplade qui, parmi tous les primitifs, paraît être restée le plus humblement en deçà du seuil de la vie policée ! Le fait semble au premier abord inexplicable. Mais ne voit-on pas que les faveurs mêmes du sol nourricier maintiennent les hommes des Bois dans leur état social d'origine ? Ils avaient le gîte et le couvert, la douceur du ciel et la générosité de la terre ; il leur était donc inutile de s'ingénier pour trouver ailleurs ou autrement de meilleures conditions d'existence ; aucune sollicitation de la destinée ne les poussait à découvrir des produits, des procédés, des instruments nouveaux ; de siècle en siècle ils étaient satisfaits de leur sort : la vie leur était douce, pourquoi auraient-ils commis la folie de vouloir en changer ?

Toutefois l'immuabilité de la vie sociale des Ta-Ota ne s'explique pas uniquement par les facilités de la vie matérielle que départit la bonne nature. Ces malheureux furent des « nationalistes », bien autrement logiques et persévérants que les prétendus « enracinés » de l'Occident qui se promènent de Paris à Chicago et de Londres à la Côte d'Azur. Non, les hommes des Bois vivaient en bêtes peureuses, veillant à ne faire aucun bruit, à rester ignorées des chasseurs qui passaient, à ne laisser aucune trace de leurs nuitées et de leur cueillette. Ils fuyaient, habiles à trouver les retraites où nul ne pouvait les poursuivre, à dépister l'homme redoutable qui maniait le javelot ou le couteau. C'est ainsi qu'ils réussissent à subsister, à maintenir leur espèce, mais, il est vrai, sans rien apprendre : ils n'ont point goûté, comme les autres hommes, au fruit que porte l'arbre de vie.

Mais quand même, voici qu'ils entrent, malgré eux, dans la grande assemblée des humains. La guerre n'avait pu les traquer, la science les a découverts. Qu'ils le veuillent ou non, ils apprendront à connaître le feu, ils compteront sur leurs doigts et traceront des figures sur le sable des rives ; ils verront des maisons, des barques, des navires : ils deviendront les compagnons des hommes de la plage, de la mer et des continents ; ils se mêleront aux descendants de mille autres peuples et se perdront comme race distincte, non comme individus, dans la grande foule des hommes entremêlés. Quant aux « nationalistes », on peut leur prédire même destin. Ils ont beau s'agiter, les frontières s'effacent entre les patries.

ELISÉE RECLUS.

M. Elisée Reclus.

Monsieur,

Je ne comprends qu'une politique à l'égard du Maroc : se faire aimer, se faire respecter, se faire admirer par la supériorité morale, la supériorité intellectuelle, la supériorité économique. Toute autre politique serait crime, et crime plus funeste encore que les violences militaires, celui de corrompre les Marocains par l'usure et les spéculations financières.... Je demande de laisser faire en toute équité et toute bienveillance. Je demande que les Français soient justes à l'égard des Marocains. Le sont-ils à l'égard des musulmans de l'Algérie ?

Ce pays de l'« occident », le Maghreb des Arabes, est circonvenu de tous les côtés par les puissances européennes, dont les représentants, avec un très nombreux cortège de résidents hiverneurs, se sont établis à Tanger pour en faire une ville franchement européenne, indice de leur prise de possession future. Travaillé à l'intérieur par des intrigues de toute nature; le gouvernement central ne peut agir sans avoir à demander les conseils et à recevoir les subsides des rivaux d'Europe qui se disputent son héritage, et quant aux tribus indépendantes, qui constituent le *bled es siba*, pays de l'insoumission, elles dépendent également de l'Europe, du moins indirectement, puisque les objets de fabrication industrielle ont tous cette origine, et chaque année cette dépendance commerciale s'accroît par la force des choses. Bien plus, des ouvriers marocains, par dizaines de milliers, ont pris l'habitude d'aller travailler comme bûcherons, cultivateurs, bouviers et manœuvres dans l'Algérie voisine et se rattachent ainsi économiquement à la civilisation européenne : il n'y aurait qu'à laisser agir sans aucune pression extérieure les influences naturelles du simple contact pour que, chaque année, le Maroc s'européanisât davantage ; toute guerre de conquête ne pourrait que retarder le mouvement, en ajoutant la haine, la rancune, le désir de la vengeance, aux sentiments déjà hostiles qui naissent de l'idée de supériorité religieuse, car le musulman, adorateur du dieu unique, méprise volontiers le « chien de Roumi », celui qui n'a pas moins de trois dieux en un seul, ainsi qu'une déesse-mère, à moins, chose plus grave encore, qu'il ne reste indifférent à toute idée ou pratique religieuse.

L'européanisation et plus spécialement la francisation automatiques du Maroc s'accompliront d'autant plus vite qu'elles seront aidées par la construction de voies ferrées. A cet égard, le chemin de fer qui se poursuit jusque dans le désert à Figuig et au-delà, a déjà fait merveille. Les gens des oasis, que les brutalités militaires avaient d'abord incités à la guerre, se laissent volontiers séduire par les appâts d'un trafic fructueux, et c'est maintenant à revers, par dessus les cols du Grand Atlas, que se fait l'investissement commercial du Maroc. Mais la principale porte d'accès qui donne entrée dans l'empire de l'occident, c'est du côté de la frontière algérienne, l'avenue large qui s'ouvre par Oudjda dans la direction de Fez, entre les monts du littoral et l'Atlas proprement dit. Le va-et-vient des migrations et du commerce s'est toujours fait par cette vallée médiane, et c'est par là que devra passer forcément la continuation du chemin de fer longitudinal de la Maurétanie, entre le golfe des Syrtes et l'Atlantique : c'est donc par l'intérieur des terres, parallèlement à la côte, que se développe l'axe normal du mouvement humain, la voie historique des Berbères et des Romains, des Vandales et des Byzantins, des Arabes et des Français.

Elisée Reclus.

Bruxelles, le 30 juin 1904.

LIVRES ET IDÉES EN FRANCE

GABRIEL GIROUD, *Population et Subsistances, Essai d'Arithmétique économique* (Paris, Schleicher).

Ce n'est pas un faible mérite d'avoir su résumer en une courte brochure les arguments relatifs à la question capitale : « Le genre humain, considéré comme une grande famille, conquiert-il annuellement par son labeur une moisson totale suffisante pour son alimentation ? » Ou bien le vaste champ que représente l'ensemble du sol nourricier est-il trop étroit pour les millions d'hommes qui le bêchent et l'ensemencent?

« C'est le dernier cas qui est le vrai », nous dit résolument M. Giroud. La « récolte annuelle » ne peut alimenter que les deux tiers des humains et trois ou quatre cents millions de faméliques auront toujours à disputer aux chiens les miettes que laissent tomber les heureux de l'existence. Chaque année des famines enlèveront une part des souffreteux, et même les fortunés auront à veiller avec la plus grande économie sur la part trop exiguë que leur a laissée le sort.

L'affirmation est catégorique, mais elle repose, nous semble-t-il, sur une base bien incertaine. L'auteur nous concède lui-même que les statistiques sont toujours d'une exactitude douteuse, et le fait est que certains chiffres présentés par lui nous paraissent fort critiquables. Tout d'abord, l'année 1887, choisie par l'auteur pour le tableau général des récoltes du monde civilisé, est déjà tellement reculée que l'évolution rapide du progrès moderne nous permet d'écarter cette statistique surannée comme tout à fait insuffisante. Ainsi les Etats-Unis, pris comme exemple, fournissaient en 1887 une récolte totale de 79.000 tonnes en céréales, tandis qu'en 1902 la moisson des mêmes denrées atteignit plus du double, soit 162.780 tonnes, quantité qui, d'après les chiffres mêmes que donne M. Giroud (p. 22), pourrait suffire à l'alimentation de tout le genre humain, si rien n'en était distrait pour la nourriture des animaux et pour l'utilisation industrielle.

Une deuxième objection se présente. L'auteur de l'opuscule, ne tenant compte que des grandes cultures mentionnées dans les statistiques, ne signale point ce fait que de nombreux produits secondaires, consommés sur place et ne donnant lieu à aucun commerce extérieur, entrent aussi pour une très forte part dans l'entretien des hommes. Les enquêteurs officiels négligent tous ces produits ; ils ignorent les succédanés divers par lesquels on remplace à l'occasion le pain proprement dit et qui n'en réparent pas moins l'énergie musculaire et la bonne volonté pour le travail. Ils ne nous parlent guère du manioc et des bananes des Tropicaux, du millet et de la soya des Coréens et des Mandchous, du taro des Polynésiens, du quinoa des Américains du Sud, et pourtant il n'en reste pas moins vrai que des millions d'hommes diversement civilisés se passent parfaitement des céréales nobles: la statistique officielle les classerait donc parmi les gens privés de toute nourriture !

Quoi qu'il en soit, le résultat auquel aboutissent les calculs de M. Giroud se trouve singulièrement contredit par ce fait incontestable, que la population du globe s'accroît annuellement : à cet égard toutes les statistiques s'accordent. Mais si la ration moyenne de l'homme était réelle-

ment insuffisante d'un tiers, la misère physiologique devrait nécessaire-
ment s'accroître ; les maladies de toute espèce, monnaie de la maladie
essentielle, la famine, devraient être plus nombreuses et plus fatales, la
vie devrait se faire plus courte. Or, c'est le contraire qui arrive : la pau-
vreté diminue, les pestilences reculent, la vie s'allonge.

En présence de ce témoignage porté par les seize cent millions d'hommes
qui peuplent la Terre, mis en regard des douze cent millions de la génération antérieure, il faut bien croire que M. Giroud s'est trompé. Ou bien
le total des produits alimentaires est plus élevé qu'il ne pense, ou bien
les savants officiels dont il reproduit les calculs fixent une moyenne nor-
male d'alimentation trop considérable. Toutefois si pendant le dernier
siècle le nombre des hommes qui mangent pain, manioc ou taro s'est
accru très probablement du double et si la proportion des pauvres a diminué pendant la même période, il n'en est pas moins vrai que la misère,
la hideuse misère, sévit encore en mainte partie de la Terre et même dans
les bas-fonds des sociétés opulentes : fort rares sont les provinces où
chacun a sa part de bien-être. L'inégalité sociale, la scission des hommes
en nations et en castes ennemies, la protection et la prohibition douanières,
l'accaparement de l'argent et de la propriété, enfin la concurrence fréné-
tique des spéculateurs et des marchands ont pour conséquences fatales
la prodigalité du luxe, le gaspillage des produits, l'accumulation des
denrées là où elles sont inutiles, leur rareté là où elles seraient nécessaires. Le « trop » a le « pas assez » pour contre-partie inévitable. Comme
au temps de Fourier, des négociants avides jettent toujours à la mer
des cargaisons de farines avariées, qui, des mois auparavant, auraient
pu sauver de la faim des populations entières.

Or, quel remède faut-il proposer à ce lamentable état de choses ? L'auteur n'en voit qu'un seul à signaler (p. 56) : « La diminution de la nata-
lité... comme un progrès de la prévoyance humaine ». C'est dire que les
unions doivent, autant qu'il est possible, rester infécondes. Certes, les
femmes, devenues majeures socialement et les égales des hommes dans
la famille, ont le droit absolu de stériliser leur corps, et, n'ayant plus
d'enfants ou seulement un ou deux, de limiter à ceux-ci les chances de
la misère et de la faim ; mais en quoi la solution du problème des
subsistances pour tous les fils de la Terre se trouvera-t-elle assurée par
cette rareté de la progéniture ? La diminution des producteurs coïncidera
exactement avec la diminution des consommateurs. La foule se pressera
moins nombreuse au banquet de la vie, mais la table sera moins abon-
damment pourvue, et toujours la classe des mangeurs privilégiés com-
mencera par se servir deux fois et par gaspiller une part de ce qui
reste avant de céder la place aux affamés qui attendent derrière elle.

A des maux d'ordre social qui sévissent sur l'ensemble de l'humanité
on ne saurait remédier que par une évolution embrassant également tous
les hommes et substituant un peu de justice au chaos actuel des iniquités.
Ne sommes-nous pas entrés depuis un demi-siècle dans l'âge du socia-
lisme inauguré par « Quarante-Huit » et n'avons-nous pas appris de nos
devanciers quels ennemis nous avons à combattre, — Eglise, Etat, Capital, — pour réaliser enfin le grand Idéal de tous ceux qui aiment leurs
semblables : partager fraternellement le pain ?

ELISÉE RECLUS.

SOCIOLOGIE

I. *La possibilité du bonheur*, par J. NOVICOW (Girard et Brière, Biblio-
thèque pacifiste internationale). II. *Manuel de Morale et notions de Sociologie*, par G. RICHARD (Delagrave), III. *Les théories socialistes au
XIXᵉ siècle de Babeuf à Proudhon*, par E. FOURNIÈRE (Alcan). IV. *La
démocratie devant la science*, par C. BOUGLÉ (Alcan). V. *Les applications sociales de la Solidarité*, par L. BOURGEOIS, P. BUDIN, Ch. GIDE,
H. MONOD, G. PAULET, A. ROBIN, J. SIEGFRIED, P. BROUARDEL (Alcan).
VI. *Syndicats, mutualités, retraites*, par LUDOVIC DE CONTENSON (Per-
rin). VII. *La législation du travail*, par E. FOURNIÈRE (Charles-La-
vauzelle). VIII. *Essai sur la coopération de main-d'œuvre*, par ACHILLE
RICHARD (Guillaumin). IX. *La Mutualité française*, par Léopold MA-
BILLEAU (à *l'Avenir de la Mutualité*, Bordeaux). X. *Une solution pacifique de la question sociale*, par A. HEGELBACHER (à la Cootypographie).

Les études sur les bases de la Société, sur ses diverses formes, sur les
changements qu'elle subira, sur les améliorations qu'on peut apporter à
son organisation se multiplient. Tous les partis s'unissent dans ce grand
travail. Il nous paraît intéressant de jeter un coup d'œil sur ces divers
publications en commençant par celles qui sont les plus générales pour
arriver aux plus précises, aux plus circonscrites, à celles enfin qui offrent
des applications immédiates.

Novicow donne pour base à la société l'association ; plus la société est
retenue par des liens étroits, plus l'individu est fort, plus largement et
plus solidement s'accroît la vie.

La lutte entre les membres de la Société est donc un état de maladie,
une crise de folie. Aussi devons-nous établir la paix universelle. Heu-
reuse la nation qui en prendra l'initiative !

Il s'agit aussi d'assurer les conquêtes du prolétariat. Seul le Socia-
lisme, qui se recrute en grande partie chez les ouvriers de la pensée, sera
à même d'accomplir cette œuvre pacifique et grandiose. Novicow est pos-
sédé d'un véritable enthousiasme en traçant cet avenir de félicité et l'élo-
quence anime les pages de son intéressant et bref ouvrage.

Dans son *Manuel de morale et de sociologie*, G. RICHARD porte l'at-
tention sur l'union intime de la morale et de la philosophie ou sur leur
commune dépendance tout au moins, par cela seul d'abord que les notions
qui entrent dans la constitution de toute connaissance étant soumises à
la critique de la philosophie, les problèmes généraux de la philosophie
forment le seuil même de la morale. Elle n'a pas les mêmes rapports avec
la métaphysique qui n'est généralement qu'une hypothèse, tandis que
s'appuyant sur l'étude scientifique de l'homme individuel et de l'homme
social, la morale nous éclaire sur la position de l'homme dans l'Univers.
Elle nous enseigne ce que vaut l'économie de l'effort qui subordonne la
nature à la finalité et à un plan providentiel.

G. Richard arrive aux mêmes conclusions que Novicow ; pour lui
c'est l'association, la société qui fait de l'être humain un individu moral,
apte à contrôler sa conduite, à modérer ses passions, à mettre ses ten-
dances en harmonie les unes avec les autres.

Avec FOURNIÈRE, entrons dans l'analyse des théories émises sur les

RECLUS (Jean-Jacques-Elisée).
    -[Comptes-rendus et articles : 1902-1904] / publiés par Elisée Reclus.-[S.l.],[s.d.].
    -[35] p.   [8ºG.9929
        Dossier de coupures de revues,"L'Humanité nouvelle" (Paris),"La Revue" (Paris),
    "El Sol" (Buenos Aires),"Les Annales coloniales" (Paris),rassemblées par Mme Louise
    Reclus-Dumesnil,soeur de l'auteur.-Don 154906.

        [1] : "Atlas de Finlande",publié par la Société de géographie de Finlande,Helsingfors,1899 :
p.2-5   [compte-rendu].-P.107-110.
             Extr.de : "L'Humanité nouvelle",1902.

        [2] : "L'enseignement de la géographie,globes,disques globulaires et reliefs", par Elisée Re-
p.5   clus,Bruxelles,1902 : [mention].-P.110.
               Extr. de : "L'Humanité nouvelle",1902.
        [3] : "A la Côte d'Ivoire,six mois dans l'Attié,un Transvaal français",par Camille Dreyfus,
p.6   Paris,1900 : [compte-rendu].-P.110.
             Extr. de :"L'Humanisté nouvelle",VII 1903.-La référence de la main de l'auteur.

        [4] : "Les Chemins de fer du grand-duché de Finlande",Helsingfors : [compte-rendu].-[1] p.
p.6   Extr. de : "L'Humanité nouvelle",VII 1903.
        [5] :
             Lettre impr. en espagnol,à Félix B.Basterra,à propos de son livre "El Crepusculo de los
p.8   gauchos",Bruxeles,8 de Noviembre de 1903.-[1] p.
             Sans référence.

        [6] : Réponse ms en espagnol de la main de Félix B.Basterra,datée de Montevideo,23 de Abril de
p.10-11   1904.
        [7] : "Atlas des colonies françaises",dressé par Paul Pelet,Paris,1902 : [Compte-rendu].-[1]
             p.
p.12   Extr. de : "L'Humanité nouvelle",1er XII.1903.

        [8] : Faits et documents : mouvement géographique.-P.779-781.
p.14-16   Extr. de:"La Revue",15.XII.1903.-Référence ms de la main de Mme Dumesnil.

        [9] : La Belleza de los manantiales = La Beauté des sources : emprunté à l'"Histoire d'un
p.18-19   ruisseau" / trad. d'"El Sol.-P.5-6.
             Extr. de : "El Sol,no 174,1903.-Référence de la main de Mme L.Dumesnil.

p.20-22 [10] : Faits et documents : mouvement géographique.-P.253-255.
             Extr. de "La Revue",15.II.1904

        [11] : Chronique géographique.-P.520-521.
p.23-24   Extr. de "La Revue",1904.

        [12] : Faits et documents : mouvement géographique.-P.104-105.
p.25-26   Extr. de "La Revue",1er V.1904.

        [13] :Faits et document : mouvement géographique.-P.512-513.
p.28-29   Extr. de "La Revue",15.II.1904.

        [14]: Lettre impr. datée de Bruxelles,le 30 juin 1904 : [sur la politique à tenir à l'égard
             du Maroc.]-P.312.
p.30   Extr. de: "Les Annales coloniales",15.VI.1904

        [15] :"Population et subsistances,essai d'arithmétique économique",par Gabriel Giroud,Paris,1904:
             [compte-rendu] .P.100-101.
p.32-34   Extr. de "L'Humanité nouvelle",1er IX.1904.